La Poutre et le Mot

suivi de

La Corde

Scanner le QR code pour écouter
les textes suivis de

ou *youtube*

Bruno Merle y9k

© *2025 Bruno Merle*
Tous droits de traductions, d'adaptation et de reproduction interdits

Édition : BoD · Books on Demand,
31 avenue Saint-Rémy, 57600
Forbach, bod@bod.fr
Impression : Libri Plureos GmbH,
Friedensallee 273, 22763
Hamburg (Allemagne)
ISBN : 978-2-3225-1602-5

Remerciements

à Yvette, et Eric, Théâtre du Lozange, pour leur interprétation vocale

à Juliette pour son aide technique et musicale

à Norbert Sogno pour l'illustration de couverture

Bruno Merle

La Poutre et le Mot
suivi de
La Corde

Le Merle Chanteur

Il n'est peut-être de vrai bonheur que d'écriture, la vie cherchant après coup à réaliser avec elle-même la parfaite jonction des mots, la juste frappe d'une expression.

Pascal Bruckner
L'euphorie perpétuelle

Ceci était un petit carré noir, tout noir, qu'on a dilaté de l'intérieur. Sont apparues ces pattes incongrues, courtes, longues et détachées, sont venus les mots depuis la tache obscure où ils étaient emmêlés, où ils n'existaient pas. Ainsi naît l'écriture dans la nuit d'encre de nos esprits

L'épon-
*-ge **cousue** de virgules,*
de silences et traits d'union,
*invite **expulse** inspire les **signes***
*répandus sur la **table**. Eponge, mon*
***cerveau** appelle, s'engorge, les*
*mots au **labyrinthe** viennent,*
*l'éponge gonfle.Ma **pensée***
***grandit,** devient pleine*
*d'elle-**même**.*

La Poutre

Dans une petite ville de Provence, dont je tairai le nom, vivait il y a peu un de ces vieux jeunes hommes avec maisonnette de banlieue, habits bon marché, voiture d'occasion, non hybride, et bibliothèque hétéroclite. Assez haut de taille, les cheveux jadis bruns aujourd'hui gris, le regard tantôt rieur tantôt éteint, c'était un être agréable aux yeux de son entourage même s'il n'était pas toujours enclin à la bonté pour lui-même. Conscient des marques que les années commençaient à lui infliger, il réussit à conserver son narcissisme naturel en se persuadant qu'on disait de lui sur son passage : Ce dut être un bel homme ! Il s'appelait lui-même Vieux Jeune Homme, comme on se donne un titre, comme on dirait gentilhomme. Par commodité graphique il adopta pour se désigner l'acronyme VJH, cette appellation à l'américaine lui conférait une classe universelle. Il passait le plus clair de son temps à voyager, non pas sur le globe bien qu'il eût connu dans le détail plusieurs pays étrangers, mais à voyager parmi les mots. Il y voyagea tout d'abord comme un lecteur ordinaire, porté dans les méandres des romans, questionné par les dialectiques des essayistes, admiratif des observations des anthropologues. Cependant il avait une prédilection pour la poésie, elle lui permettait d'entrer à l'intérieur des êtres, des choses, d'entrer en son propre intérieur. Il plongeait avec tant d'engouement et, il faut le dire, avec tant de curiosité pointilleuse dans ces littératures qu'il en vint à observer le langage à la loupe, les mots lui apparaissaient non plus comme les signes d'un tout mais comme des morphèmes orphelins, extirpés de la phrase, porteurs de mystères et d'interprétations imaginaires. Il voulait découvrir en quelque sorte la signification de la signification. Peu à peu ses lectures finirent par faire émerger dans son esprit maints chemins lumineux qu'il décida de transcrire à son tour sur le papier.

Cela ne vous aura pas échappé, ce préambule s'apparente délibérément à celui du célèbre roman de Miguel de Cervantés. C'est tout naturel puisque notre Vieux Jeune Homme s'était décidé à partir à l'aventure des mots avec le même dessein que le Chevalier à la

Triste Figure : venir au secours des déshérités, lecteurs et littérateurs, afin qu'ils puissent pénétrer les arcanes des vocables, faire parler la parole à son insu et ainsi s'approcher de la réalité cachée, cette réalité sans définition ni logique, la véritable, la divine, qui nous échappe toujours et encore. Sa devise : La lettre avant la pensée. Car l'essence des choses et des phénomènes ne bruit qu'à l'instant où elle touche nos âmes, son timbre s'évanouit dès qu'on se met à la réfléchir. Pour s'en approcher il convient d'avancer obliquement à travers les mots, d'écrire comme marchent les crabes. Et tant pis pour la phrase admirable, la formulation parfaite (après la perfection plus d'horizon !) En cette époque du numérique, 0-1, 0-1, 0-1... de l'I.A chargée d'algorithmes sans imagination, il était impérieux pour notre écrivain de résister à ces formes de pauvreté et d'ignorance. Les armes pour ce combat ? La dérision et la déraison. Le vieux jeune homme commença par s'initier à l'oulipo, à l'écriture automatique, aux dérapages surréalistes, il rechercha toutes les manières de contourner les dogmes de la sémantique. L'exercice consistait à écrire, écrire... jusqu'à modifier la surface des mots et des récits, les décomposer, s'en jouer, dépasser avec gravité ou fantaisie l'artifice de la logique, redistribuer les causes et les effets. Les histoires, comme les rêves, révèlent la vérité à travers leur apparente incohérence. Alors il importe de se risquer sans craindre l'ineptie ni le ridicule, d'éliminer les filtres ou au contraire accentuer les règles, en inventer de nouvelles. Un devoir de santé personnelle, de santé publique.

Il partit donc en errance, stylo-bille lutinant, index (au pluriel) sur le clavier. L'inédit était au coin de chaque mot, à chaque détour de phrase. Notre styliste chutait parfois sur des pistes glissantes, se déchirait à des broussailles enracinées dans les lignes, s'asséchait dans le désert des pages blanches et puis, subitement, recevait, haletant, abasourdi, le rire de l'incongru, la gifle du tragique. Alors se faisait jour la vérité, en creux, qui naissait chancelante mais exacte. Il s'agissait pour notre homme de dénouer le lien fallacieux qui avait toujours uni auteur et lecteur, de les délivrer du poids des justifications, du rituel de l'ordonnance et du convenu afin qu'ils se surprissent l'un et l'autre sans fard. Il fallait prendre du recul, apprendre à regarder par le petit bout de la lorgnette, s'astreindre à gratter le papier encore et encore, à démonter savamment les mots, les syllabes, les consonnes et les voyelles, pour remonter le mouvement de la phrase et entendre enfin un nouveau tic-tac.

Pour comprendre le pourquoi d'une telle gageure, il faut remonter dans le passé. VJH avait fréquemment travaillé sous les ordres d'un patron ou d'une administratrice, d'un contremaître ou d'une directrice, il aimait la chose bien faite, la besogne accomplie, mais il détestait, comme à l'école, les maîtres et les donneurs d'ordre et tous les *winners* derrière lesquels il faut tout ranger, si bien que le travail constituait pour lui (l'étymologie du mot le lui confirmait) une entrave désespérante à son bonheur. Heureusement VJH avait voyagé, il s'était mêlé aux foules, avait partagé en bien des lieux des moments de ferveur devant le spectacle du monde. S'il avait souffert d'adversités, d'humiliations, il avait aussi aimé sentir sur sa peau la caresse du soleil, du vent et de la brume, il avait aimé rire, jouer sous les préaux. Il avait aimé tout court. Sans le dire parfois. Lorsqu'un jour, embarqué pour un pays du sud, ayant emporté dans ses bagages des romans prometteurs, pour la plupart des romans contemporains, il se rendit compte à leur lecture que, malgré leurs émois et leurs intentions loyales, beaucoup de ces récits fuyaient, ou faisaient semblant. Codifiés, policés, *ils avaient tout juste*, comme les bons élèves, comme le bon employé qu'il avait été et ne serait plus. Ces romans faisaient penser aux pelouses tentantes qui annoncent le rêve mais qu'il est interdit de franchir. Qu'étaient les pelouses impeccables à côté des prés, même boueux, au milieu desquels on pouvait se rouler ? VJH devenait suspicieux, l'auteur, le lecteur, non seulement ne voyageaient pas dans le même wagon, mais restaient condamnés à observer, le nez collé à la vitre. Ces livres-là ressemblaient à des manuels illustrés, ils se présentaient comme ces défilés historiques et déguisés qui prétendent être des fêtes de village ou ces guirlandes de Noël qui scintillent d'ennui le long des rues désertes et froides. Les fêtes, à l'image des drames, ne se contemplent pas. Quant aux mots, ils doivent descendre du balcon, être eux-mêmes la joie et les larmes. Les mots ont un corps.

Lecteur, prenons garde. Tu as ouvert ces pages et te voici sur le qui-vive... Ce récit va-t-il combler tes attentes ? Vas-tu trouver là un répit à ta vie tourmentée ? Ou lire ce que tu sais mais ne peux dire toi-même ? Ou encore participer à une exhumation de secrets enfouis ? Ou peut-être rire, te laisser berner par une histoire extraordinaire.

Je me méfie car tu épies. Et moi à ton insu je te tends un piège, cent pièges, à chaque ligne, à chaque crissement de mon stylo sur le papier. On se guette tous les deux. Si ma souffrance était si terrible, ma félicité si parfaite, je serais bien incapable de les coucher l'une et l'autre sur le papier dans le but que tu y prennes part. Et si tu étais en ce moment suffisamment sûr de tes joies, de tes peines, tu ne viendrais pas fouiner chez moi. Tous deux interlopes. Imposteurs ?

En outre, tu vas te délecter ou subir, scrutant style ou maladresse, t'interroger sur la résonance de ces phrases. Tu t'arrêteras à l'encoignure des mots comme je me suis tu au moment où ils sombraient dans leur mystère.

Leur vérité que nous n'aurons ni l'un ni l'autre atteinte se trouvant juste là où tu ne peux lire, juste là où je ne peux écrire. On va jouer comme ça pendant des siècles, avec des airs de connaisseurs meurtris. Ce sont ces airs-là qui me déplaisent.

L'autre jour, de grosses vagues roulaient les enfants sur la plage. Belle pagaille et chevelures mouillées. Les voix éclatantes de tous les mômes chantaient la vie comme mille ans de littérature ne pourront jamais y parvenir. A cet instant j'ai pensé à toi et t'aurais voulu là, je t'aurais pris dans mes bras, pris comme témoin. Mais nous voilà contraints au différé, aux réminiscences toi et moi.

Ta manière de faire tiennes mes impressions, de t'accaparer mes doutes me déplaît. Je n'aime pas mon habitude à te les confier. Il doit y avoir quelque chose pourtant qui nous pousse à ce manège, je pressens quelque intérêt sournois, un troc sous cape d'impuissances mutuelles. Ou la main d'un dieu ennuyé ? Eucharistie de boudoir.

Lecteur j'aime que tu me lises, que tes cils caressent l'épiderme hérissé de ma ligne... ces fourmis, qui rampantes, qui debout, défilent sans drapeau sur le grain blanc, évitant prudemment de sombrer dans l'abîme de la tranche.

Fourmis pleutres qui suivent leurs sœurs qui, pleutres, suivent leurs sœurs... Laquelle est à la tête de ce lacet prisonnier des pages ? Qui guette le moment de nous serrer le cou.

Merci d'accompagner le cortège, ta lecture devine mon index qui s'est agité comme un tachygraphe, pressé de repousser le suicide inéluctable de l'écriture.

Tout au bout les bestioles s'entassent en un monceau ridicule que, le jour venu, les imprimeurs cachent sous la carpette. C'est là, lecteur, que tu nous laisses, petites fourmis mortes pour la patrie.

*Soudain
la plume se penche
au-dessus du trou, elle n'a
plus pied, l'abysse lui fait peur
elle plonge dans une eau opaque
sa pointe ouvre aux poissons
la maille, des écailles ont
lui mais il est trop
tard pour les
rattraper.*

L'écriture
avance en ligne
nous fait baisser la tête
les mots défilent en beaux
soldats. C'est la vie
rognée. C'est l'affiche
toujours péri
mée

Les mots n'ont pas de certitude
ils parlotent, s'évaguent et nous
indéfinissent. Avocats de peu
ils tombent comme des barreaux
cela nous blanchit de liberté
bondir de l'un à l'autre,
n'en goûter qu'un
soupçon
butiner
le
dic
tionnaire

or
ce
mot
a chu
tel un poing
dans ma poche
pas   un   poing
mais   un   poids
le poids d'un trou
la masse d'une galaxie

VJH n'était pas dogmatique, il ignorait la gravité qui l'habitait, on peut le dire aujourd'hui. La cinquantaine déjà dépassée, il se sentait rattrapé par le temps qui semblait lui dire : à bientôt ! Il devait porter sans attendre des repères sur son chemin d'auteur. Hélas, cette année-là, Edwige et Madame Mézières et d'autres amies l'avaient invité à intégrer le conseil municipal de sa cité. Il accepta avec nonchalance, en se disant tout de même qu'il devait bien ça à la ville qui l'avait accueilli tant d'années. Les rapports qu'il eut alors avec ses concitoyens l'amenèrent à toucher d'un doigt nouveau la condition humaine, faite de courages et de dévouements, de commérages et de tromperies. Il connut d'intrigantes personnes, d'autres transparentes et belles. Son engagement le contraignit donc à remettre à plus tard la rédaction de ses préceptes littéraires. Sa mission municipale l'occupa quelques mois mais prit fin malheureusement bien avant la date convenue, nous en

comprendrons plus tard l'effroyable raison. Trois années de convalescence furent nécessaires avant qu'il pût commencer à rédiger ses textes fondateurs, ceux qui ouvriraient sa route. Dans le petit café situé à quelques encablures de la bourgade, un café qui lui permettait de se sentir éloigné du microcosme mondain, il discutait parfois avec l'ancien libraire. Samuel possédait une grande culture, il était aussi un peu touche-à-tout et sa conversation illuminait la pensée. L'histoire, la science, la technologie, la mécanique ou encore le tarot permettaient d'aborder le même sujet de mille manières. Et le sujet en présence de VJH portait invariablement sur l'écriture et la poésie. « Tu vois, pour tes phrases j'ai ma petite idée, ça doit être comme avec les clés quand tu montes une roue de vélo, il faut faite attention, si tu serres trop les écrous sur le moyeu, ça freine, ça bloque, même si tu rajoutes de l'huile. Il faut toujours laisser du jeu, juste ce qu'il faut, et la roue se met à tourner toute seule. C'est beau ! »
VJH saisissait. Comme les écrous, les phrases bloquent l'imagination quand elles sont trop apprêtées. Il faut laisser du jeu, que les mots s'y promènent à leur guise, ne ligoter ni le lecteur ni les idées.

- Evidemment, reprenait Samuel en levant sa pinte de Guinness, on s'en aperçoit surtout quand le vélo part en roue libre.

Notre position devant l'écriture, notre tentative de démasquer les mots, c'est à dire de nous démasquer nous-mêmes, que certains ont érigé en principes et techniques (surréalisme, dadaïsme, écriture automatique, métalogique) en vérité si spontanés dans l'esprit des enfants, nous conduit à déclarer que notre poésie n'est pas une expression, qu'elle est uniquement un chemin. Nous aimons pêcher les mots dans le courant trop limpide de leur océan où ils évoluent en surface, portés par la hantise du trouble et de l'obscur, se targuant d'avoir réponse à tout, nous aimons pêcher les mots pour les rejeter dans une eau qui n'est pas la leur. Ils ne font pas la maille. Cela produit un effet, cela interroge.

Faisons tomber dans une trappe des mots pris au hasard (ce mot hasard par exemple) afin qu'ils s'amoncellent en désordre au bas de la page. Tout en poursuivant notre rédaction, happons ou harponnons (la trappe vient de s'ouvrir sous ces deux-là) au fil des lignes (ligne, aussi) les vocables qui se dressent avec leur aplomb de tableaux bien accrochés, qui se soutiennent mutuellement, s'inclinant légèrement les uns devant les autres, dans le but qu'un discours, leur œuvre collective, prenne place avec légitimité, avec unicité. Au bout des dernières phrasées, on entend tous les termes (à la trappe !) clamer d'une seule voix : voilà ce que nous avons composé, regardez ce monument dont nous ne sommes pas peu fiers.

C'est là que le poète se sent limité, ses perspectives réduites. Il doit bien y avoir d'autres univers (à la trappe), d'autres formes de pensées et surtout une salvatrice absence de conclusion. Il n'y a pas de raisons que les cartes (à la trappe) ne soient battues qu'une seule fois. Arrêtons-là l'exercice.

Isolés ici-bas, ces substantifs, ces verbes ont perdu leur éclat et leur apparente impartialité. Ils laissent l'océan muet.

Un moment de silence s'impose.

Puis les voilà qui réapparaissent doucement à la surface, incertains, cherchant aux alentours quel confrère pourra leur donner un peu de résonance. L'univers s'en remet au hasard, le hasard se rapproche de qui paraît lui ressembler, il se laisse happé, il se laisse harponné, le hasard devient une ligne inconnue, le hasard avance sans carte pendant que les cartes jouent sur son tapis vert. L'univers comme toujours est à la poursuite de lui-même. Est-ce le hasard qui nous happe ? Nous qui le harponnons pour le posséder ? lui mettre un terme ? Univers est un mot qui ne se suffit pas, nous continuons cependant d'y ranger les cartes, le ciel, la terre, ne pourrait-on pas y inclure cette aventure de papier et le traquer dans son mystère ? Afin qu'il grandisse par nos questions. Nous sommes à l'univers comme l'univers est à nous ! Et il y aura d'autres chemins, beaucoup de chemins, il faut aller à la pêche.

Ses parents, depuis le jour où ils s'étaient séparés, logeaient l'un dans une ville du nord, l'autre en Bretagne, son frère avait disparu depuis sept ans on ne sait où mais il n'était pas mort. VJH comptait sur deux amis pour continuer à vivre. Il partageait avec eux des dîners, des séances au cinéma qui l'ennuyaient, le soir en rentrant dans sa maisonnette, il jouait aux mots fléchés, sans musique, quand il ne se mettait pas à écrire. Le week-end il aimait à se joindre à des collègues de travail, enfin ceux qui étaient restés célibataires. Il leur récitait parfois, quand les verres de vin ne se comptaient plus, de courts passages de ses écrits. Les collègues appréciaient. Pas les mots, la diction. Sa voix, son souffle et sa bonne humeur. Et puis chacun, dans l'excitation verbale du moment, se mettait à proclamer des opinions sur les grands thèmes existentiels de toujours, société, religions et tutti quanti. Il s'agissait de convaincre coûte que coûte. VJH repartait intrigué. Comment les mots résonnaient-ils à travers le tambour des harangues ? Certes il était plaisant pour chacun d'entre nous de pérorer en alignant des certitudes fabriquées en termes pesants et curieux mais les discours l'effrayaient. L'opinion que nous défendons n'est que notre hypothèse préférée, avait écrit avec raison Milan Kundera Les discours portaient en eux une logorrhée dangereuse. Tous ces mots mis bout à bout marchaient comme des soldats, il aimait pourtant les soldats, leurs sacoches emplies de biscuits reçus par la poste, leurs capuches baignées de sueur, leurs chansons à l'envers. Mais les mots-soldats des discours étaient des ombres déguisées. Il aurait aimé sauver ses amis des mots, leur clamer que l'important n'avait pas de vocabulaire, que les idées étaient louables mais leurs intentions joyeusement inutiles. Pourtant, en réfléchissant bien, devant la farce de l'existence, à sa manière, il fallait défendre l'inutile.

Car l'inutile est capital. Pas de mots engagés, sur ou pour ou contre, pas de recettes ni d'indignations, pas d'encensements, encore moins d'arguments ou de causes à défendre, si ce n'est la cause du léger. Pas d'humanisme millénairement ressassé et de glorification des sentiments. Trop d'écrits poétiques n'ont été que des réponses, des roucoulades circonstanciées. Fini de vivre par rapports. Bien plus grande, bien plus risquée est la tentative de créer depuis le rien, de proclamer le jeu comme nécessité et de jouer jusqu'au bout.

On pourrait dire : la cerise plutôt que le gâteau. Car qui des deux établit la grandeur et produit l'effet ? C'est ce petit point rouge à inventer qui engendrera notre humanité que les chefs prétentieux nous ont volée.

Travailler d'arrache-pied à fuir le gros-œuvre, tâche difficile... un gros boulot ! S'affranchir des rôles à tenir, des rôles qui nous tiennent.

Si le monde était moins encombré de décideurs, d'hommes d'action, de discoureurs, de fabricants et de piliers, tout irait beaucoup mieux, c'est le souci du détail, le geste timide et rajouté qui entraîne et dignifie, c'est le dernier et furtif coup de peigne qui donne à ma coiffure, à ma personne, sa grandeur incertaine. C'est le discret mouvement, l'accroche-cœur saugrenu, le babillage superfétatoire qui révèlent ma conscience : on s'adonne justement à ces ultimes caresses par acquis de conscience ! ET LE RESTE SUIVRA ! Viendront sans effort, comme allant de soi : le partage des richesses, les soins aux malades, la construction de nos vies et de nos maisons, si graves et si compliquées. Le détail devient, on s'en rend compte, la fondation. C'est la délicate substance de l'accessoire qui est finalement notre matière première. C'est cet espace d'inutilité que nous devons conquérir pour nous sentir libres de nous-mêmes. Le seul souffle possible pour nos petits poumons d'oiseaux désailés.

Un matin, il ouvrit le vieux dictionnaire que sa grand-mère lui avait offert pour sa communion. Sa communion ! Il se revit soudain devant le prêtre, bouche ouverte, le biscuit blanchâtre posé sur sa langue comme un amuse-gueule insipide. C'était cela les mots, qu'on les lise ou qu'on les écrive, une rondeur trop parfaite, une lenteur calculée. Il voulait communiquer, communier autrement, cesser de mâcher, de rabâcher la même hostie pâteuse alors qu'un chat dans sa gorge s'impatientait. Il reposa le dictionnaire.

Il aurait fallu colliser les mots après les avoir dépecés car les mots enferment plus qu'ils ne disent. Nommer réduit, nommer muselle. Mot, mort, qu'un petit air de différence. Il aurait fallu tailler dans leurs sphères afin que s'y nichent les couleurs, qu'y résonne l'Univers, les rendre perméables. Non plus des boîtes mais des prismes.

Il aurait fallu les éclairer, les chauffer, les pénétrer du souffle.

Impossible ! Allez-vous me dire. Comment faire entrer une locomotive dans un mot ?

C'est vrai. Pourtant, encore ce matin, un mot que j'ai vu, de mes yeux vu, s'est teinté d'un espace immense, a tinté (muette différence) d'un rire tout droit venu de sa droite. Au coin de cet espace un employé du registre se mit à raconter des choses qu'on n'avait jamais entendues. Une brise jouait en ce mot qui dans une soudaine modestie ouvrait la ronde de ses lettres. Oubliant sa trompeuse exactitude.

Vocable délesté, sans azimut, il prit en lui une piste d'aéroport vrombissante alors qu'il était né si petit, si mesuré, il apparaissait à mes oreilles transpercé de lumière. Ce n'est rien de le dire, entendre un mot rire ! Et si compréhensif.

Mot idéal qui mourait à la vie. Plein de confiance en nous, pas l'inverse.

Toutes ces déclarations étaient bien belles mais ne suffisaient pas. Il comprit qu'il était temps de mettre la main à la pâte et de se lancer dans l'aventure charnelle des mots. Un vingt-et-un décembre à minuit, après s'être saisi de son stylo, subitement perplexe, il hésita : à quoi bon ! Alors il éprouva le besoin d'être conforté dans son aventure. Ne pouvant compter pour lui apporter des encouragements ni sur ses amis de comptoir ni sur Samuel qui était parti en croisière autour du Pacifique, il s'adressa à lui-même, non pas au vieux jeune homme (mon vieux !) mais à son bonhomme intérieur plus crédule et plus innocent qu'il appelait intimement Fiston. « Entends-tu le bienfondé de cette épopée, Fiston ? Sache qu'il nous faut poursuivre dans cette voie. » Et Fiston répondit : « Bien, mon vieux, ton savoir est ton droit ». VJH prit place alors devant la page. Un étrange et long silence s'installa... Subitement, il se trouva tout chose, comme si ses yeux en cet instant nébuleux s'étaient retournés pour observer les rouages de son esprit.

Arrivé là, devant la feuille blanche, je demande la mairie. Les gendarmes m'indiquent à droite. Je rentre. V'la-t-y pas que j'rate le métro. Des patates ! Il y avait des patates partout ! Pas dégonflé, je prends le maire et lui mords la radicelle. On m'indique l'Hôtel-de-Ville, alors je prends le bottin. Je tombe sur une page jaune : le bottin était trop vieux. Je file dans un taxi, histoire de m'esbracourer, je l'arrête, je paye l'épicière et claque des doigts la porte. Hôpital ! En ambulance ! Pin Pon, Pin Pon, Fla Chou, Ra Dou Dou. Mais y'avait pas de métro, je serre donc le ticket entre les dents et je sors.

Des patates ! Même avec un piochon, impossible de les rater. De partout sur le sol, dans la bouche de métro. Je trouve une radicelle, celle du maire. Y m'disent : « Vous aviez qu'à pas demander la mairie ! ». On me juge alors illico presto sur le tas. Je suis condamné à continuer. Je prends l'Hôtel-de-Ville, lui demande le maire. Je me dirige donc à la mairie mais la radio était fermée. Plus de boutons. Les gendarmes arrivent complètement ébravagés et me demandent s'il fait beau. Alors je rétorque… D'ailleurs y'avait rien à la télé. Ils m'offrent une cigarette, je la leur donne et ils la mettent dans une tramouillette verte. Pendant ce temps j'en profite pour m'enfuir avec la page jaune. « Attendez ! Attendez ! » qu'y gueulaient. Y m'rattrapent pas et y m'foutent en cabane. Des patates ! De partout ! J'allume la cigarette et j'cours aux objets trouvés. L'infirmière me dit « Vous êtes absent, dépêchez-vous !» Impossible !!! Le ticket est à l'Hôtel-de-Ville ! J'y cours sans oublier la radicelle et la tramouillette mais j'peux pas ouvrir, la patate est coincée.

Il analysa longuement ce texte magique. Le difficile cheminement de l'écriture, son épuisant labeur de recherche, d'hésitations et de tentatives échouées avaient trouvé là sans équivoque leur plus exacte description. Il conserva dans un cahier son analyse car elle authentifiait une fois pour toutes la justesse de sa pratique. A partir de ce jour, la pensée ni la réflexion ne tissèrent de lignes sur la page, il se laissa emporter par une chose beaucoup plus réelle, une chose que sa main pouvait empoigner : le marteau du forgeron sur le fer incandescent des mots. Dès le lendemain la maison se transforma. Le lit déménagea au salon, le bureau prit place dans la chambre face à la cheminée d'apparat, le frigo se remplit de liqueurs douces et de bouteilles qu'il monta de sa cave, les livres servirent d'étagères aux feuillets griffonnés. Et les clés de la voiture furent rangées au fond d'un tiroir et la prise du téléphone débranchée. VJH entra en hibernation dans sa tanière lumineuse.

Faut pas décider
Faut écouter
Ecouter
Ce qui décide
Qui décide ? Qui ?
Riquiqui dans la boîte à biscuits ?
Pas décider
Ecouter
Aux heures indues
Près du nénu
Du nénuphar
Et dans la mare
Et sous la pluie
Et sous les gouttes
Qu'on en puit plus
Qu'on n'y voie goutte
Le petit biscuit
Tend sa
Tend sa langue
Et nous dit
C'est la pluie
Qui Ri
C'est la pluie
Qui Riquiqui
C'est la pluie
Qui décide.

Ô Grand Jamais

Iriez-vous faire du gringue à la tenancière du bistrot ? Au tenancier ? Alors qu'au loin copulent les crapauds ! Ô Grand Jamais, cher Grand Jamais, que cela nous arrive et ton implacable sagesse nous inondera, nous emportera. Les bistrots, les gringues et tous les galets elle inondera, elle inondera le monde d'immonde limon tandis que les crapauds sauteront de joie, croasseront de bonheur. Ô Dieu, merci. Ô Grand Jamais, merci aussi !

Le point
que j'atteins
La tempête
Le point
là
sans juron
Silence
au point
que j'atteins
Et ce moment
le point
... pas le point
le Cri
oui le Cri
au point
qu'on oublie
Mais non
pas l'oubli
Le cri
Et ton poing
Mais pas si fort
le point

l'accord
le poing
la douleur
Et du silence
au point
au point
du jour
et ce jour
sur tes joues

Dix par être
On est dix par être
Traversés d'un mou rire
Doux leurre fausse joie
On est dix par être
Dix émois de soi-même
Dix facettes
L'une fait soleil
L'autre fait néant
Dix êtres agenouillés
Un pleurant
Un possible
Rêve
Gisant par chemins éperdus
Dans la boue seuls
Ayant laissé le nord
Au milieu des corneilles
Nos noires sœurs
On est dix par être
Traversés d'un mou rire

Il lui fallait bien de temps à autres sortir pour les courses ou pour se rendre à la banque. Il se déplaçait à vélo en évitant les rues trop fréquentées afin de ne croiser aucune personne de sa connaissance. A la BNP, alors que l'attente se faisait interminable, il se trouva pendant dix bonnes minutes devant une carte de l'Europe dont la légende vantait l'universalité de l'euro, une de ces affiches imposantes qui se congratule d'être idiote, cela lui rappela les quatre mois qu'il avait passés en Grèce, *Hellas,* où la gravité sentencieuse des palais et des vestiges le sommait aujourd'hui, par principe, de recourir à la frivolité et, pourquoi pas, à la devinette. Il trouva plaisant de jouer aux chiffres et aux lettres...

N D LN

IR, MA ÉT NRV.
A! 7 NRJ ! 7 R ÉBT.
L A 10 A LI :
- LO LI ! IR GT OQP, G PT OQ D PP...
O Q D PP D PY...
DS FMR, DIT LÉ... HIÉ
HY... HIÉ
- CAC ! AC ! LA LI, CC !
J ÉT O6 O PI, O PI D LN, É GMÉ

Ô 0   2 90**

                       50 1

1 9 100 20   5 20 100

1 20 100 1   6 10 20

1 1 100 10

7 1 4 1   6 20 100

                       100 80***

100 0   1 1 10

100 2 20   20 100 20

3 70*

1 20 9   7 1 6****

* à la suisse ** à la belge

*** à la suisse **** à la bonheur

Sa tante qui vivait au nord du département lui rendait visite tous les ans à la Toussaint. Cette fois-là elle amena avec elle son petit-fils Léon. VJH ignorait comment on accueille chez soi un enfant de huit ans, il tâcha de se remémorer ses visites aux grands-parents dans leur appartement de Cavaillon (une époque heureuse où il reconnut, dans l'enfant qu'il était alors, son petit Fiston personnel) et se dit qu'une nouvelle aventure lui tendait les bras.

La rencontre avec Léon fut bénéfique, les vers qu'il lui composa résonnèrent dans tous les cœurs. Fiston applaudit et Léon... s'interrogea.

La douche danse
La douce chance
La chaude chance
La douce chante
La bonne douche
La bonne chance

Et ouvrir la bouche

Et brosser les dents

Et aller dormir

Dormir au vent.

Elle a ouvert la bouche
Grand ouvert
Tout au fond
On a vu sa garglotte
Gloire à sa glotte !
Gare, gare, gare à sa glotte !
Garassaglotte était une petite femme
Dont le nom était la gloire
Et sa gloire était sa glotte
De nombreux gloutons
En goûtaient la douceur
De tout petits gloutons
Tout au fond
Qui gargloutaient sans bruit

Mais Garassaglotte
Baissa les paupières
Referma la bouche
Les gloutons fuirent
Dans le microbiote

Et dans la misère.

Gloire à sa garglotte !

J'ai des couverts !
J'ai des couverts !

Qu'as-tu découvert ?
Qu'as-tu découvert ?

J'ai des couverts en or
Et divers... Et divers... ...

Et dix verres à quoi ?
Et dix verres à quoi ?

Et divers couteaux en bois !
Et deux petits casse-noix !

Le crocodile
a tellement faim
qu'il croque son île

Le croco
a tellement faim
qu'il croque son code

Le cro
a tellement faim
qu'il croque son croc

Et c'est la fin.

La boulimie de l'ami
Mit en boule la mie,
Il l'avala... là
La mie dévala.

Je l'hélai, le laid,
Il allait hélas
Délacer le lacet
Qui scellait son gilet.

Sitôt le pantalon
S'étala aux talons
Et le ventripotent
S'emporta pas content
Son lacet tripotant.

Adorable fée
Fable adulée
Sable doré
Diable salé

Tu regardes en moi
Eût égard aux émois
Je me garde et larmoie
Hagard et sans voix

Mouette alanguie
Langue muette
Diable béni
Fable fluette.

Inouïs les Inuits
Ni ouïs ni dits
Ni de jour
Ni de nuit
Ni oui ni non
Ni oui ni oui
Inouïs les Inuits

Mais tus
Et têtus
Les Inuits
Tus et menus
Tus et têtus
Et si fortuits
Les Inuits

Ils visent
La banquise
L'amenuisent
Et sous la bise visent

Un gros poisson
Ni mauvais ni bon
Ni gras ni rond
D'un beau juron
Et sans hameçon.

Pays d'épis
Les pies pépient
Epis épais
Pays d'épées
Les pies épient
Epis épiés
Pays pillé.

C'est une erreur de rire d'un œuf
Une terreur de frire un bœuf
C'est une erreur de rire
Car qui vole un œuf vole un bœuf
Un bœuf peut rire
Mais pas frire
Un œuf oui
Mais pas de terreur
Ne peut rire de terreur
Un bœuf peut-être
Un bœuf
Un bœuf peut rire
D'une erreur
Mais pas voler un œuf
Il peut le frire
Mais pas l'offrir l'œuf
Car qui offre un œuf vole un bol
Et plein à ras le bol
A ras le riz
Et le frire
Serait une erreur.

Ils étaient, comme on dit, cul et chemise et mêlant coliques, gars épais, gras doubles et toute flatulence. Ils voyageaient de bateau en cité, de tempête en abri, de cale en bourg, de bise en coin. Ils voguaient, volaient, naviguaient, humant sur leur haut séant le moindre souffle, le moindre vent, car ils étaient, comme on dit, cul et chemise et mêlant coliques, gars épais, gras doubles et toute flatulence.

Un jour qu'un doute le tarabustait au sujet de l'aspect par trop éclectique de ses créations, de cette manière qu'il avait de sauter du coq à l'âne, de se lancer dans l'aventure des mots comme un galapiat sur un champ de foire, il répéta à Fiston un argument puisé dans le roman de Salman Rushdie intitulé *« Quichotte »* (décidément !) Il lui expliqua « la tradition picaresque, son fonctionnement par épisodes, et comment les épisodes d'une œuvre de ce genre pouvaient adopter des styles divers, relevés ou ordinaires, imaginatifs ou banals, comment elle pouvait être à la fois parodique et originale et ainsi, au moyen de ses métamorphoses impertinentes, mettre en évidence et englober la diversité de la vie humaine ». Pour finir d'amadouer le fiston, il créa une série d'aventures grammaticales sautillantes. Il fit feu de tout bois, mots croisés, décroisés, graphèmes, phonèmes... Et enfin tous deux, VJH et Fiston, commencèrent à rire sérieusement.

Hier au soir nous avons, ma femme et moi, organisé une grande déception. Tous nos amis étaient là.

Et chacun avait une réelle envie de s'abuser. Jonathan comme d'habitude a poussé sa petite rançon accompagné de Marie-Ange à la carpe et de Marius à la pompette, on s'est un peu diverti mais ce n'est pas à ce moment qu'on a trouvé la noix. Il y eut bien des éclats de dire et des pétulances mais sans plus. Par contre on avait invité un DJ pour abîmer la soirée et ce fut très réussi. Il nous fit tous guincher au son de musiques très pygmées puis, l'heure avançant, il rempailla son maternel. Alors nous nous trouvâmes bien chaleureux tout à coup. Mon épouse offrit des pleurs du jardin à chaque invité et ce fut un moment de maladresse qui nous alla froid au cœur et nous coucha profondément. Puis nous nous installâmes autour de la table pour le louper, je ne me rappelle plus quelle horreur il était exactement. Les convives agressèrent particulièrement les petits abuse-gueules que nous avions préparés. Nous pûmes beaucoup, l'alcôve nous montait à la bête et à la fin du repas, assoupis, nous manquions d'énergie, alors on se mit à bazarder, de tout, de rien. Pierrette récita quelques vers sur ce ton liant, enroué, qui donne à sa miction beaucoup de charme. Chacun était de mauvais humour et au bout d'un moment, sous l'effet des bols de Champagne, c'était à qui lançait la plus grosse sonnerie... Anne nous raconta des histoires à vomir debout qui nous ont bien fait rissoler. Sacrée Anne ! Carole l'a ramonée avec des jeux de rots plutôt narrants. Mais quand ce fut au tour de Baptiste de prendre la Carole, on a compris que notre déception ne faisait que romancer. Oh oui ! ce fut une foirée, brisante, molle même, pendant laquelle tous les convives retrouvèrent leur belle tumeur d'antan. On a adoré la bête. Enfin, après avoir péroré à qui pieu pieu, nous allâmes nous toucher. Au petit matin chacun repartit déçu, content.

Ah !

Il adore les gâteux
A la pistace
Les œufs le poisson frit.

Oh !

Il s'en enguffre
Plein la bouce.

Berk !

Il souffle comme un œuf
Le nez dans l'assitte
Et tinque à la voda.

Quoi !

Il casse la couille des œufs
Ouvre grand la boche
Après quoi il s'attaque au pisson
S'en gonfre sans façon.

Ha !

Sale cocon
Si j'étais ta mère
Je t'enverrais pîtres
Et plus vite que ça !

Non !

Ne fais pas ça mama
Je vais être un enfant pli
Je suis grad maintenant.

Les jolis petits conards sur l'eau font caïn-caïn. Ils lussent leurs plimes, liment leurs plusses pendant que de velains garniments leur baloucent des caillans. Ils caurent alors se cocher derrière l'épois rideau de raseaux à l'autre boat de la mure, mais des chions à l'affût bendissent et ils doivent brosquement s'envuler.

C'est vénible ces poyous ! Ils tassent leur pemps à enquininer les aquimaux, ils n'ent tont qu'à leur fête, on devrait les munir de leur péchonceté à gras coups de fieds dans les pesses. Ça leur berait du fien à ces males salotrus !

Mainteno, les infortupèdes palminés grelantent dans le pré. Ils ne bavent plus peurboter, ils ont fants des enpeur mais auchi des siens ! Les penauds tout voilà au valieu des miches qui vertent l'herbe broute. Ils ne font plus caïn-caïn les jolis petits conards et c'est domment vraimage.

Jade adresse, gratte
adresse ma gratte
Jade attitude
Jade dresse gratte
Jade titube
adresse ma gratitude
Jade allant délecte
semble
allant d'électres
à l'ensemble
adresse ma gratitude
à l'ensemble
l'ensemble d'électres
des électeurs
Jade adresse
ma gratitude
J'adresse
à l'ensemble
du pré
J'adresse ma gratitude
allant du prétexte
du pré
des lecteurs
à l'ensemble ce prétexte
J'adresse ma gratte

gratitude
à l'ensemble
d'électeurs
des lecteurs de ce texte.

Chaire tendre

Toux d'abord pars donc pour ce sillon silence, derrière ment je nez pas d'eau nez de nouvelles, j'étais troppo coupé évêque tous mes sous-ci, tous mes tracs-là et navet paletot de t'écrire.

Mezzo jour d'hui séjour de fait ! Alors Jean profite pourtant voyez sept lettre. Con cernant ma santé, genêt plus de doux leurres n'y allez Paule ni Alah tête. J'ai vu le qui n'hésitera pleutre et Sam a fait beaux coups de bien. Maintes tenants je peux cou rire, Jean suit très con tant, ce la change l'avis, vrai ment. Anse moment masseur émoi allons très saouls venteau thé âtre, nous après scions ces orties. Ma chaire est tendre, j'espère trop voir bien tôt et t'embarrasser affect tueuse ment.
Porte toit bien.

J'empierre

Le Mot

La difficulté du travail du vieux jeune homme en garantissait la moralité et la légitimité. Divaguer, oui, mais divaguer avec rigueur. L'exactitude, le calcul s'avéraient essentiels dans chacun des genres. Un effet drôle devait également générer un drôle d'effet, un drôle de drame induire la véritable tragédie. Chaque ligne pouvait, comme les trains, en cacher une autre. Ses écrits présentaient au fil des lectures un sens renouvelé. Car, comprenez bien, le choc d'un être devant l'existence oblige au garde-à-vous, chacun s'y tient comme il peut, et VJH trouvait l'équilibre par un léger déséquilibre, entre la fable et l'oubli. Ses écrits, comme des palimpsestes, se recouvraient l'un l'autre, notre homme riait pour oublier puis pleurait en rêvant. C'est pourquoi, comprenez bien, ses rédactions pourchassaient l'abîme. Il avançait d'un pas double dans son arène de papier, un pied devant le taureau, un autre pour danser. Il ne mourait jamais.

De la même façon il faisait preuve d'une ambivalence étonnante entre sa nature réservée et son envie de rigolade. Différentes postures morales, des sentiments variés pouvaient cohabiter devant une même situation. Ses nombreux voyages, ses rencontres éparpillées, ses métiers multiples avaient fait de lui un homme compréhensif et tolérant. Ainsi il avait du mal à s'arrêter sur un point de vue ou à défendre une valeur. La seule valeur fiable à ses yeux, c'était le doute. Il admirait les êtres éloignés des certitudes. Cela donnait du champ à la vie. Et aujourd'hui il voulait du champ et de l'espace, comme un coureur de triathlon il devait changer d'épreuve, faire bifurquer son aventure sur une route plus large et plus longue, faite, pour une fois, d'histoires vraies et de phrases galopantes.

Curieusement c'est encore dans le réduit de sa tanière, assis devant la cheminée d'apparat, dos à la fenêtre, qu'il prit le temps de raconter une partie de son vécu. Et de prouver que toute réalité s'annonce par des bruits et des couleurs, qu'elle entre par nos yeux et nos oreilles, qu'elle rencontre notre esprit, et que cela produit du magma.

Le vent agitait la cime des arbres, soulevait la poussière de l'allée, il ondoyait et pénétrait sous mon manteau. On a fait un bout de chemin ensemble. Un château alors est apparu, frêle, ancien, on était comme surpris lui et moi. Il y avait plusieurs corps, des tours, des clochetons et des fenêtres à petits carreaux et des meneaux. On y devinait les pièces vides, les couloirs froids, un volet se mit à claquer, le vent voulait jouer. Les crépuscules s'amusent toujours à faire des souvenirs. Tu n'étais pas là.

Milord est arrivé, comme d'habitude très énervé, il m'a dit que les amours étaient partis, que maintenant on n'avait plus le choix, qu'on devait prendre la voiture et, si possible, atteindre P... avant la nuit. Car Archambaud avait tout balancé, tout, son colt, sa sacoche, sa fiancée. Pour Milord et moi c'était du pain béni: cinquante plaques en si peu de temps, et juste notre conscience à risquer. J'étais désolé de devoir laisser le château qui me semblait vouloir faire plus ample connaissance. Je sentais bien que le vent en était jaloux, il exagérait sa présence sous mon manteau. Petit ouragan mêlé de caresses, il me poussait vers la sortie et m'enjoignait à regagner l'auto près de la grille. Milord, qui avait pris les devants, était affairé à tourner la manivelle pour démarrer le moteur.

Nous sommes donc partis, Milord a bien remarqué que l'auto était emplie de vent, de nature peu curieux il n'a pas questionné. P... 28 kms, on atteindrait l'océan sans tarder.

Le navire nous attendait en majesté. Mille ampoules brillaient à ses hublots, une fumée s'échappait sans hâte de deux épaisses cheminées. Il ne fallait pas être bien malin pour comprendre que ce navire, si crâne, me la faisait au charme, qu'il se boursouflait d'importance pour écarter le château de ma pensée. Cependant, plus je l'observais dans la nuit du port, plus me revenait l'image des clochetons, claquait à mes oreilles le volet. Milord m'a pris le bras, de son autre main il a saisi la valise, et nous avons gravi les marches de la passerelle. Quand la corne a sifflé et que nous avons senti les trépidations des moteurs à travers les tôles du bastingage, l'avenir s'est alors fait présent, évident, calculable. Nous partions pour ne pas revenir, Archambaud sans le vouloir avait scellé notre destin, il devait être maintenant à Paris en proie aux interrogatoires : qu'as-tu fait de la sacoche ? où est ton flingue ? et ta meuf ? Les enquêteurs mettraient du temps avant de retrouver nos traces. S'ils les retrouvaient un jour. Nous ignorions la destination finale du paquebot, sur le pont les hommes en costume sombre, les femmes parées de beaux chapeaux et quelques vagabonds se pavanaient au milieu des poules qui caquetaient à la recherche de vers qu'elles ne trouvaient pas. Les poules finissaient par se blottir au pied des cheminées. C'est lorsque nous sommes entrés dans le grand salon du pont supérieur que le vent s'est à nouveau manifesté. Comme je venais de laisser mon manteau au vestiaire, il en a profité pour se répandre : les bougeoirs sur les tables s'éteignirent, les convives surpris remontèrent leur col, les dames se recoiffaient... Ah ce souffle ! Le capitaine avec sa casquette blanche à liseré d'or est apparu, l'air inquiet, il a adressé un message par un interphone fixé sur la colonne du bar, quelques secondes plus tard les moteurs tremblèrent à nouveau et nous partîmes pour de bon. Je n'avais pas prévu les choses ainsi, une grande tristesse me submergea, je pensais au château.

Milord : « Viens ! Je vais te présenter. » Elle était belle, je dirai les détails plus tard, mais elle était belle comme chacun peut s'imaginer "elle était belle". Ses bras nus, chargés de bracelets, formaient devant sa généreuse poitrine un demi-cercle dans lequel dormait une poule.
- C'est pour les œufs ? dis-je pour engager la conversation
- Oh non, pour les plumes, elles sont si douces. En voulez-vous une ?
Elle arracha une plume rousse à l'aile du volatile et me la tendit. Le pauvre oiseau poussa un gloussement puis se rengorgea dans les bras de la femme.
-Comme c'est aimable ! Je mis la plume à ma boutonnière. Alors Emma, elle s'appelait Emma, se mit à roucouler dans le creux de mon épaule et m'invita à danser. Oui l'avenir était maintenant bien présent, honorant ses promesses. D'ailleurs le vent, passé minuit, revint se blottir sous ma veste, il agitait la petite plume à ma boutonnière, Emma était ravie, elle a mordu ma joue.

Nos passeports, que Périchou nous avait fabriqués, n'étaient pas restés dans la sacoche à Paris, heureusement, mais un souci pouvait apparaître en cas de contrôle douanier. Les bijoux étaient bien accompagnés de factures établies par de célèbres joailliers mais le souci résidait dans notre accent : nous ne parlions pas le russe, quelques phrases apprises par cœur mais un accent épouvantable. Même un simple "*da*" pouvait nous trahir. Pourquoi Périchou nous avait-il confectionné des papiers russes ? Milord laissait derrière lui une progéniture à oublier et moi deux chiens épagneuls, et il nous faudrait désormais afficher des restants de roubles, une nostalgie de datcha et des relents de vodka.

La traversée dura seize jours, nous raconterons plus tard, pour l'heure nous débarquions à Honolulu. Tout se joua là.

Un policier des douanes, très à l'aise dans son uniforme kaki, ôta ses lunettes de soleil de sa main gauche pendant que de la droite il pointa son arme réglementaire sur notre valise : what are you trying to hide ? Nous ouvrîmes la valise et lui montrâmes le contenu, il reprit : what are you trying to hide ? Il indiquait cette fois du bout de son canon nos fronts à tous deux. Comme nous n'avions plus que très peu de conscience, il fut facile d'écarter nos bras en un geste d'impuissance, nous n'avions rien à cacher, tout était parti, le remords, la faute, les morts. Il nous invita alors d'un grand sourire à entrer dans son pays. Les filles avançaient avec nonchalance sur les trottoirs, la plupart portaient des sacs en plastique curieusement animés de soubresauts, des becs pointaient à travers de petits trous et des gloussements s'en échappaient. Ces filles cachaient certainement des trésors, dès qu'on les observait elles serraient le sac dans leurs bras si joliment bronzés et fuyaient à petits pas en direction des sous-sols ou des entrées de magasin. En suivant l'une d'elles dans le dédale d'une ruelle, Milord et moi nous trouvâmes face à face avec Emma, elle charriait une cage de bois remplie de poules, elle nous annonça sans préambule qu'elle regagnait le paquebot. C'était un manège agréable que cette vie qu'elle menait, elle nous offrit une plume à chacun et nous lança avant d'entrer dans un taxi : à Honolulu cherchez les poules ! Il n'y eut plus de connections avec notre passé, nous étions tout neufs, armés d'un seul précepte : chercher des poules. C'était facile et cela nous sembla digne et enivrant. Nos passeports russes ne nous furent pas très utiles, au bout de deux transactions notre identité se disait en poules. Milord s'est montré épatant, les revendeurs le sollicitaient sans cesse, il avait les arguments, sa nature de marchand reprenait le dessus, parfois il égorgeait un animal pour se souvenir. Nous avions trouvé un logement juste au-dessus de la place où se tenait le marché, en quelques semaines notre repaire devint le lieu incontournable des négociations avicoles d'Honolulu. Milord avait retrouvé sa gaîté d'antan. Enthousiasmé par ce nouveau commerce, tous les soirs au moment de l'apéritif, il se mettait à rire ou plutôt à caqueter, puis allait se coucher à l'heure des poules. Le matin il avalait trois œufs chapardés la veille sur le marché. Je faisais les comptes et gardais dans ma poche une plume pour chaque cent Dalas gagnés. Milord eut la bonne idée d'accrocher les plumes sur le mur au-dessus du bureau qui occupait une partie de notre habitation, les clients comprirent vite que les plumes représentaient notre richesse. Nous négociâmes les plumes. Une cote s'établit et s'étendit sur une bonne partie de la ville, nous devenions riches. Jusque là les hawaïennes nous étaient apparues porteuses de rêves, aimantes, mais nous comprîmes qu'elles aimaient avant tout nos plumes. Elles venaient les regarder à toute heure, nous faisaient des clins d'œil, elles essayaient d'en chiper une ou deux en nous adressant des sourires. Quand notre empire fut devenu si vaste, si absorbant et que nous pûmes vivre sans compter, Milord se tourna vers moi en levant sa main : « Tirons-nous...» J'étais en train de faire sécher une plume qui était malencontreusement tombée dans l'évier.

Les aéroplanes, très nouveaux à l'époque et réservés aux élites, n'auraient pu transporter nos volumineux bagages. Nous prîmes un bateau qui s'avéra être le même que celui qui nous avait transportés depuis P... Les passagers pour la plupart avaient vieilli, cependant ils avaient conservé leur jovialité. Emma invitait toujours dans sa cabine, non plus le capitaine, mais ses fils qui gouvernaient à présent le navire. Elle apparaissait lors des soirées avec ses poules tenues en laisse, elle arborait dans sa chevelure des plumes extraordinaires qui lui faisaient comme un diadème. Le navire avait subi des transformations, les cheminées avaient été repeintes en rouge, les lampions sur ses flancs avaient disparu, par contre une myriade de vermisseaux jonchaient le pont afin que les gallinacées et leurs poussins puissent se sustenter, Milord me dit en cachette : tu te rends compte le progrès !

A l'inverse du voyage initial, nous pouvions librement afficher notre richesse, on nous ne demanda jamais nos passeports, nous honorions nos dépenses en plumes, parfois en poules, nous étions des rois.

Nous arrivâmes à P... le 3 août, un dimanche, sur le quai nous attendait Périchou. Que faisait-il là ? Sitôt désembarqués il nous mit au parfum, Archambaud avait calanché, et lui, Périchou, se trouvait dans l'embarras : il cherchait Dieu. Pendant que nous déchargions nos caisses de plumes il répétait inlassablement: il me faut quelqu'un au-dessus ! Toujours au-dessus ! C'était inédit mais tout à fait compréhensible, Milord et moi avions compris lors de nos pérégrinations tropicales que l'homme est ainsi fait. Nous, nous détenions les plumes et la richesse, ainsi nous pouvions éluder la question, mais lui... Une fois installés dans l'auberge, je lui contai à Périchou le sourire des hawaïennes, leur démarche alanguie, il saisit aussitôt. Il monta sur le bateau, croisa Emma qui en redescendait, il vit en elle instantanément l'être au-dessus qu'il cherchait. Il était fasciné. Il lui déroba quelques plumes et Dieu l'emporta.

Nous embarquâmes le lendemain vers une nouvelle destination. Je redécouvrais la beauté d'Emma. C'est le moment de la décrire : la corbeille de ses bras, la plume offerte dans le salon lors de notre première rencontre n'étaient qu'une promesse, Emma était belle, belle est le mot mais on le chanterait à l'infini qu'il ne dirait qu'un centième de sa beauté. Divine, oui, ses yeux s'inclinaient sur le malheur et disaient : je vous aperçois là-bas... Ils lançaient des rayons mauves, on aurait voulu combattre le dessin de ses lèvres, si parfait, si douloureux. Heureusement j'avais les plumes, elle aimait les plumes !

Emma descendit à Reykjavik, nous continuâmes jusqu'à Akureyri car nous avions là une cargaison de plumes de sternes à charger. Les plumes blanches et grises de ces oiseaux, qui aiment à vous éborgner en piquant depuis les cieux, avaient pris une valeur jusque-là inégalée. Le paquebot s'ouvrait un passage dans les eaux glacées, écartant les petits icebergs de fin d'été. Aux abords de

Narsarsueq, à trois miles de la côte groenlandaise, un kayak apparut à bâbord, depuis lequel un homme inuit cria : Qaneq Emma !.. Elle irradiait jusqu'ici de sa magnificence ! Nous jetâmes par-dessus bord une petite caisse que l'homme hissa sur le kayak. Aidé d'un compagnon il se mit à briser la caisse à coup de crosse de fusil et à embrasser les plumes. Le navire reprit sa marche, nous pensions à Emma.

Dix containers plombés alignés sur les quais du port marchand de Vancouver ne passèrent pas inaperçus. Ce qui intrigua la capitainerie fut leur légèreté. Nous décidâmes de les laisser au pied des grues le temps qu'il faudrait car, nous n'en doutions pas, la voix des océans viendrait vanter leur mérite. Nous deviendrions riches en dollars. La Colombie, la britannique, sût cacher dans ses îles aux arbres géants plusieurs de nos secrets. Cela s'est passé il y a longtemps, les ratons-laveurs se souviennent.

Ainsi nos âmes se frayaient un chemin dans le monde. Elles voguaient libres. Mais frêles. Pour Milord, depuis quelques temps déjà, c'était le vague perpétuel, la tentative échouée de l'hédonisme au quotidien. Son cœur en chaloupe avait du mal à se fabriquer une quille suffisamment profonde pour maintenir l'équilibre, il décida de miser sur la voile. Il chantait à tue-tête des paroles improvisées qu'il adressait à l'océan. Il mourût étonné et triste, une nuit tandis que j'écaillais une dorade sur le pont. Je jetai tout à l'eau, son corps flotta loin, très loin., jusqu'aux Inuits qui couvrirent son corps de plumes. J'étais seul, le bateau tanguait. Je tentais de m'accaparer la quille mal foutue que s'était fabriquée Milord et qu'il m'avait abandonnée. Ce n'est pas facile de réussir avec la ruse d'un autre, fût-elle celle de Milord. Je débarquai enfin, mais les océans avaient cessé de colporter nos richesses, les plumes ne pesaient plus que leur très faible poids. A Valparaiso, en rejoignant par le funiculaire l'adresse que j'avais volée à Emma, je décidai de jeter ma richesse inutile par l'ouverture du wagon, les plumes s'envolèrent et se perdirent dans la brume du Pacifique. Des poules tout en bas le long des môles continuaient à couver leurs œufs cependant que les sternes qui m'avaient suivi retournèrent vers le nord à grands coups d'ailes.

Nous ne fûmes pas nombreux cette nuit-là à entrer dans le château de la Calle Florida. C'était une bâtisse en briques, nostalgique, qui dominait sans orgueil le quartier pentu qui finissait à la mer. On l'appelait le Castillo bien qu'il ne fût qu'une maisonnette sur le côté de laquelle on avait édifié une tour. Cette dernière était percée d'un fenestron dont le volet claquait tristement. Je gravis une à une les marches de bois. Arrivé sur le dernier palier, Emma (Emma !) m'offrit une longue veste de tweed afin, me dit-elle, de ne pas prendre froid lors du retour.

Mais le château (l'autre) se mit à graviter devant mes yeux, ses tours et clochetons me suppliaient. Alors j'enfilai la veste, aussitôt le vent que j'avais eu l'affront d'oublier en profita pour s'y engouffrer. Je dévalai les escaliers du Castillo, me précipitai dans le labyrinthe qui menait au port et m'embarquai sur le premier voilier. A Panama, le chapeau que j'achetai dans une boutique près des dockers fut aussitôt emporté : le vent soufflait pour m'interdire toute infidélité. Plus tard, sur l'Atlantique, il gonflait exagérément les voiles de notre bateau si bien que nous arrivâmes aux Canaries en moins d'une semaine. Enfin il regagna sagement sa place, il en profita pour me chuchoter des mots du passé, exhalant un relent de volaille pour me taquiner, ramenant des parfums d'hawaïennes, des senteurs de magasins, de billets de banque, de la glace et des peaux de phoque. Oui je suis retourné au château, j'ai poussé la lourde grille, j'ai suivi l'allée et ouvert la porte, j'ai escaladé les marches, pénétré dans la pièce froide et enfin reconnu la princesse. Allongée sur un divan, elle rattrapait d'une main leste les plumes blanches qui s'échappaient de coussins éventrés et les fourrait dans son décolleté merveilleux. Son regard me pénétrait de douceur. Charmeuse, enjôleuse, invincible, ma Dame, ma marchande, ma fée, archange, châtelaine... Emma. Elle commandait le vent depuis toujours.

Autrefois, au cours de ses explorations à travers le monde, VJH prenait du temps pour observer et n'avait aucun préjugé quant à l'objet de ses contemplations. Lorsqu'il sortait d'une gare (ou s'aventurait dans une campagne), ses pas ne le conduisaient pas vers les monuments et les sites fameux, il commençait par porter son regard sur la bordure des trottoirs afin d'imaginer le travail des terrassiers, il s'arrêtait devant les portes, lisait les noms sur les boîtes aux lettres. La forme des abribus, les chaussures des piétons, le contenu de leurs sacs de courses lui procuraient de l'attendrissement et le mettaient en une nécessaire osmose avec le lieu. Tel un chien il flairait le terrain. Stations de métro, quartiers abandonnés, terrains vagues, cimetières, il réalisait de grandes circonvolutions avant de se rendre au palais royal ou à la cathédrale, si jamais il s'y rendait ! Il s'aventurait quelquefois dans les entrées des édifices administratifs, se glissait un moment dans la file des usagers, il reconnaissait alors sur les visages étrangers le rictus de l'impatience, le sourire adressé au téléphone, enfin tout ce qui nous rend semblables et uniques.

Or, ses dernières péripéties en compagnie de Milord l'avaient détourné de son caractère contemplatif et scrutateur. Il prit conscience de ce changement lorsque, revenant de Palerme et alors que le long voyage en train lui permettait de s'adonner à de méticuleuses observations sur les voyageurs, les gares ou les paysages, il remarqua qu'il s'ennuyait. Rien ne se passait. Il lui aurait fallu de l'action ! Cela n'était pas normal. Ballotté par le roulis du wagon, juste à l'entrée du tunnel de Capo Verde, VJH s'interrogea et, en dépit de son agacement, parvint à méditer sur son état. Force lui fut de reconnaître que cette soif d'agitation cachait en vérité une grande fatigue, son esprit comme son cœur étaient essoufflés. Au fond, sa vraie nature d'écrivain demandait des lignes d'écriture plus douces, qui avancent à petits pas. Une fois rentré chez lui, il prit le temps de s'asseoir et de laisser venir les mots. Ils vinrent sans hâte et sans déguisement, plus soucieux de leur cible, le cœur du poète, que d'eux-mêmes. Mais la paix qu'il trouva dans ce glissement inattendu et bienfaisant se teinta progressivement de tristesse et de nostalgie. Son stylo tremblotant ne pouvait éviter d'invoquer cruellement les rêves perdus, ses amours impossibles, tous ces malheurs qu'il avait réussi à oublier. Fiston, en short et sans sourire, lui offrit sa main.

      S'il y avait quand tu me regardes
      Un éclair
      Dans tes yeux les miens
      Un habit pour toujours

      C'est la question
      Qui fait plisser nos fronts
      Nos fronts se touchent
      Et c'est la chute

Ma compagne
La campagne
M'accompagne
Toujours
Toujours
Toujours
Elle égrène
Au dedans
Elle égrène
Au dehors
Ses petits
Cailloux blancs
Qui égaient
Mon cœur

D'ailleurs

D'ailleurs

D'ailleurs

Retirata notturna

Madrid. On danse en pianotant, tes doigts dans mes doigts, mes doigts dans les tiens. Luigi Boccherini avance son pied, moi le mien, toi le tien, mon pied recule, mon pied avance, le tien recule

Soudain sonate, on glisse sur les toboggans de Benedetto Marcello On s'inquiète si peu, on sourit tellement toi et moi.

Arvo Pärt arrive et ajuste nos joies. Ses touches obscures et blanches tombent sur nos joues, il est trop tard pour pleurer.

Ma main voudrait serrer la tienne
Tu l'as retirée
Ou le vent l'a volée
Ma main trouve ma main
Me voilà en prière !

Mes mains dans mes poches
Je m'en vais sur la route
Car il ne reste en tous lieux

Que la route

Que la route

Où tu n'es pas

Dis-le-moi plus souvent
Pas que tu m'aimes
Dis-moi juste
Que deux fois par semaine
Tu penses à moi
Ne me le dis
Qu'une fois par mois
Que tu penses à moi
Dis-le-moi en fin d'année
En début d'année
Ainsi mon rêve
Aura de quoi
Sans toi
De quoi
Résister

Une pensée creuse mon front
Va chercher tout au fond
Du bout de ses dix doigts

Un mystère oublié

Ma pensée ne sait pas
Qu'y musarde la mort
Que le risque est majeur

Un mineur à tâtons
Trifouille dans mon front
Une coulée de charbon

Défunt !

Te voici à nouveau
Au berceau

Langé de bois
Prêt à flotter

Lève-toi !
Marche !

Mais t'es trop pâle
Cloué par le secret

Tes yeux ignorent
Tu regardes ailleurs

Et cesse de hurler
En te taisant si bien

Le printemps arriva. Le vieux jeune homme avait jadis composé des vers uniques pour chanter cette saison qui était sa préférée. Pourtant, en ce jeudi de marché, les rues de sa petite ville exhalaient sans fraîcheur la gaîté fleurie d'avril. Les femmes qu'il croisait flânaient, belles, élégantes, fortes, vieilles et jeunes, mais elles n'entraient plus en un éclair dans ses yeux et dans son âme, c'était comme si elles devaient se vêtir de mots avant d'en franchir le seuil. Les mots avaient pris la place.

Une confusion effrayante l'envahit. Ses convictions littéraires chancelaient. Si le corps des mots était toujours palpable, ils les avait pétris si souvent, la texture de la vie s'éloignait. Alors sa pensée vola vers un autre corps, le corps bien-aimé de Lola. Incliné sur la page, il pressentit que les mots n'atteindraient pas la nuit. La couleur de l'encre lui parut subitement bien pâle à côté de la couleur des jours qui était celle du sang. Le vieux jeune homme, avant qu'elle ne le quittât, trempa sa plume dans l'encre de ses souvenirs.

La Corde

Je vous plains, écrivains, qui témoignez sans mourir ni tuer. L'écriture est un piège, n'est pas un piège, est un renard en fuite. Quand vos doigts pressent le stylo, combien de lèvres, combien de fleurs, combien de verres leur ont échappé ?

La petite ville n'était plus à l'idée qu'on s'en fait, elle vagabondait le long de la nationale, la zone industrielle s'y accrochait comme une traîne de mariée sale et reprisée. Le clocher se contorsionnait pour se délivrer et tâcher de regagner le ciel. Les vendredis on allait au bistrot à quelques kilomètres au fond du vallon, on tentait le grand écart entre Edwige qui balançait des projets communaux et ses acolytes qui offraient des vodkas. Samuel jouait au solitaire sur son smartphone à la table voisine A minuit Edwige partait. Avait-elle quand elle rentrait, seule dans sa Toyota, l'espoir ? Tout n'allait pas si mal, nos vies d'élus municipaux sentaient le drap neuf.

La route pour rentrer du bistrot étalait sur le goudron un tapis de rustines, on y roulait avec délectation, ivres d'un combat politique et de rêves qui pouvaient attendre. Et les lundis sonnaient leurs cloches lugubres. Au petit matin on suintait de regrets en retournant au boulot, la brume ressemblait à une pâte que venaient gonfler nos airs de travailleurs endurcis. Nos mains sur le chemin du labeur serraient le volant quand elles auraient voulu le caresser, le prendre et l'embrasser car il sentait le passé. Chaque début de semaine était une croix, indiscutable, nous avions de grands airs et de petites mines, on se débattait. Lola réapparut.

Elle avait accepté de m'inviter dans son lit, un oui sans audace, son regard était trop fatigué. Sa façon de marcher ! Le pas d'un être affairé, pressé par le devoir, mais dont la hâte révélait de petits trémolos, des vibrations dissimulées. Elle donnait à son corps le supplément d'âme, la joie malgré tout, que la vie lui avait ordonné d'oublier. Je l'ai aimée pour cela.

Epuisée sur son lit (nous nous trouvions dans la maison de sa grand-mère décédée, au fond du chemin mal goudronné qui jouxtait la nationale), on aurait dit un agneau, je n'ai eu qu'une envie, la prendre dans mes bras pour hurler : « Fais comme chez toi ! Pour une fois fais comme chez toi ! » Elle avait trop subi d'injonctions depuis qu'elle avait grandi, les patrons, les mâles.

Luca, éphémère amant éconduit (une erreur récente, Lola me le confia) la suivait. Il avait juré de la tuer, il rôdait. Elle avait dit tout ça à la police, des signes faisaient craindre le pire... Et je ne voulais pas que Lola disparaisse car je venais de la retrouver. Les menaces étaient précises, Luca possédait un revolver, un jugement l'avait contraint à s'éloigner mais le délai à ce jour était dépassé.

Elle avait de tout temps porté sa tête droite. Ses cheveux châtains à reflets blonds, ramassés en queue de cheval, effleuraient d'une brève caresse la délicate courbure de sa nuque. Allongée, paresseuse, deux goélands survolaient l'océan de son corps. Mon regard découvrit au creux de son menton une cachette que je reconnaissais : un jour de solitude à São-Marcos, à l'ombre d'un chêne-liège alangui d'air marin. Je la désirai alors. Les deux oiseaux ouvrirent la porte. Elle apparut si vaste, offrant tout là-bas son passé de petite fille.

Je me souviens, nous étions des enfants. Ses genoux, et ses mollets tendus qui mouvaient ses hanches en petits coups de rame, et puis son buste et son front relevés, mais d'abord ses genoux, furent ma première douleur. Nous avions dix ans, ses jambes fluettes s'étaient éraflées et gardaient un sang séché que je possédais moi aussi sur les miennes, car nous étions tombés de vélo au même endroit sur la route. Les épillets de blé lancés par le vent étaient venus se coller à nos plaies et les décorer de petites médailles d'or. Je me souviens, nos vélos étaient rouges. Les filles en baskets savent se servir de leurs doigts pour réparer le short déchiré, savent ne rentrer pas trop tard pour équeuter les cerises et, dans cet instant, penser au moment de feu partagé sur le goudron. Dans la cuisine elle m'avait souri et observé, tout le temps qu'avaient duré les soins que nous avions prodigué à nos blessures.

Nous vécûmes ainsi plusieurs années. Puis le destin avec ses airs de contremaître nous sépara au beau milieu de l'adolescence. Lola fut contrainte de partir loin, tout au nord de la Norvège, au pays du froid. Sa tante et tutrice l'y attendait, elle n'avait qu'elle.

Pendant sa longue absence, un autre corps m'invita qui eut désiré, lui aussi, m'offrir un passé. Hélas sur ce corps étaient tombés mes regrets et je l'ai souillé d'amertume. J'avais entraîné ma nouvelle fiancée survoler les lacs, nous nous étions moqués puis embrassés, bouches mal ajustées, rires en coin. Oui ! rires en coin ! Ah cette effroyable tentative qui finit par nous désunir ! Je revois les hirondelles raser l'eau sur le dos, je les entends trisser, s'étourdir pour nous oublier.

Aujourd'hui nous nous retrouvions, Lola et moi, si bien élevés, ébahis dans le silence de la chambre. Réminiscences, pensées, caresses, nos ventres palpitaient à la recherche des totems perdus. Lola a prononcé des mots que je n'ai pas compris, mais le murmure doux dans la cavité de sa bouche m'ensorcelait. Ses cuisses, épaisses et blanches, peau de soie et veines bleutées, glissaient. Ses yeux gris se mirent à parler, dans le fond de ses iris sourdait une flamme, elle a dit : « tu vas bien ? » Je faillis répondre que oui mais j'ai entendu dans ma tête le déclic du revolver.

Et l'étendue de ses jambes, si blanches toujours, était un lac bordé de prairies ; au loin les taureaux guettaient pour nous rappeler les conditions. Je savais comment les taureaux chassent devant leurs cornes un vide à combler, comment si fatiguée, si près de tomber, la cape poursuit le geste et que, dans l'urne de la catastrophe qui nous attend, renaît le lac. Ses cuisses alors, généreuses, bombées comme deux collines autour du volcan, criaient la douceur. Elles avaient pour toujours tué le mal, j'y posais ma joue. Dans la minute éternelle de cette nuit d'hiver, pas loin de la nationale, dans la chambre de la grand-mère, il aurait pu avancer, revolver en main, que notre joie l'aurait tué.

Il m'est impossible aujourd'hui d'oublier cette étreinte cardinale. Sa peau est restée sur mes doigts, les vestiges en tous lieux répandent son parfum.

Je ne l'appelais plus Lola mais Lilas, car elle s'était nourrie de nostalgie et de deuil, là-bas tout au nord. Elle me revenait, un peu la même, un peu une autre. Dans son innocence, elle lançait des rires au beau milieu du désespoir, je m'y suspendais. Poupées russes, l'un dans l'autre, nous allions. Je l'ai aimée, l'aime encore comme toutes les pierres du chemin, et parce que morte. Son aine, quand elle remontait sa jambe, disait :

« mets-toi là... » Doucement j'y allais pendant que son front cherchait les étoiles.

Jours après jours, semaines après semaines, et parce que la peur nous ébranlait (Luca, toujours Luca), nos épidermes se mirent à oublier la magie. Nos mains ne parvenaient plus à égrener le doux sable de l'enfance. Et nos ventres durcirent, en vinrent à imiter les statues. Pupilles clouées, regards d'aïeux, des volutes s'effondraient et j'implorais... Lilas !

Pourtant un jour on faillit réenchanter le lac, la voix de Léonard Cohen chantait Lorca... *Take this walse*. Nous nous tenions par un petit bout de souvenir, tournions autour du totem. Le lac ?.. Moi, comme un mineur dans la grotte, j'enfonçais ma pioche, heurtais le fond, elle a crié : « il n'y a plus d'or ! » La vie le lui avait volé. Elle revint me serrer dans le dos afin que nous puissions pleurer ensemble devant le triste paysage. Le lac était perdu, nous chutâmes ensemble.

Le lendemain, dans la clarté matinale de la chambre, nos troncs évitaient de se heurter. Nous ressemblions à ces maisons sans toit soudainement émergées des barrages en manque d'eau. Nous comprîmes que le lit du lac, que la prairie avaient été ravagés sous le torrent des étreintes et que le rêve avait touché la rive. C'était la veille du 14 juillet.

Sous les lumignons de la place, Lilas, déboussolée, perdue, coupée en deux, éclatée comme un vase, s'effondra. Edwige et moi accourûmes, nous l'emportâmes se reposer dans le petit hôtel derrière la mairie. Puis, en revenant sur la place, nous entendîmes à nouveau le déclic du revolver, une balle s'impatientait au fond du barillet. Luca détestait les tenants du pouvoir, les abjects financiers, les accapareurs de plaisirs, la grande partouze et ses jouisseurs. Terroriste et révolutionnaire, il avait vu en nous leur principe. Proches d'Edwige, grande conseillère et patronne des idées, nous participions aux décisions municipales, et c'était toute la bande du bistrot qu'il abhorrait, cette bande éparpillée, ces couples rompus, imbriqués en de sombres manigances et tristes mondanités. Nous en étions là. Luca s'imaginait-il que nous avions tué l'innocence de Lola ?

Ainsi nos nuits nos jours passèrent. Et nous feignions d'ignorer la sentence, car Luca, assis en auditeur chaque semaine à la table des délibérations municipales, était à même de débusquer notre superbe, instantanément, et de se venger. Dans la grande salle, les élus s'observaient pendant que le revolver caché sous la table faisait des circonvolutions. Luca hésitait. Il ne savait pas qui tuer, du moins qui tuer en premier. J'ai vu le canon se pointer sur la croix du clocher, l'ai vu chercher le groupe des anciens qui cheminaient devant la porte entrouverte, je l'ai vu viser le portrait du Président de la République, lequel à cet instant épiait l'horizon. Au fond de la salle, le petit trou du canon voulait offrir ses baisers.

    Puis Luca se fit introuvable. On interrogea les armuriers de la région, un groupe se créa qui invita les conseillers à collaborer, chacun devenant inspecteur, chercheur d'indices. On s'invitait à tour de rôle dans l'espoir de voir apparaître Luca. Chacun se savait cible et suspect, porteur de passions honteuses et de petits meurtres. Le jeudi on votait puis on s'enfuyait. Début octobre, cette recherche officieuse fut arrêtée, les beaux jours avaient passé et tranquillisé les esprits. L'homme invisible se nimbait maintenant d'attraits romanesques. Les réunions du

Conseil reprirent leur sereine apparence. Le 1er novembre ma tante me rendit sa visite annuelle, sans le petit Léon hélas, je l'oubliai sitôt partie car, tout sourire, messager des âmes, Luca reparut.

Il reprit calmement sa place parmi la rangée de chaises derrière la table ovale dans la salle du Conseil. Vers le milieu de la réunion, on avait convoqué une assemblée générale en vue du prochain jumelage, il se leva et gagna l'arrière-salle où se trouvait le matériel de sonorisation, il revint un plateau à la main, l'arme dressée dans l'autre, et offrit à tous une coupe emplie d'une boisson orangée que nous bûmes sous la menace. Subitement les haut-parleurs se mirent à grésiller, les premières mesures d'une valse nous invitèrent à danser. Le philtre s'avéra puissant et rapide, hanche contre hanche, gagnés par les rires, nous commençâmes à nous frotter langoureusement sous la lumière des lustres. Luca émit un sifflement et ce fut une musique mexicaine, accordéon, trompette, maracas, tequila. Les haut-parleurs hurlaient, nous embrassâmes alors tour à tour le portrait du Président que Luca nous présentait, revolver en main (des balles serties d'ivoire d'un calibre respectable s'alignaient somptueusement dans sa bouche). Au cœur du tumulte, nous tentions de vivre nos désirs enfouis. Le temps filait comme jamais. Nous devenions fous de ce manège et jouissions d'assez d'ivresse pour nous peloter sans retenue, pour multiplier les possibles. Puis ce fut l'entrée des américains arrivés la veille pour le projet d'usine, puis celle des maîtresses d'école, celle des stagiaires, des banquiers de tout le département. Luca avait choisi son jour. Quand certains de nous faisaient mine de s'échapper, ils étaient rattrapés et jetés dans l'enchevêtrement des corps, aussitôt les rires reprenaient et des billets passaient de bouche en bouche. J'ai retrouvé Lilas, les yeux meurtris, brouillés de larmes. Elle était la seule à ne pas avoir ingurgité la boisson maléfique.

Le lendemain fut une journée d'incrédulité, nos oreilles endolories percevaient le tic-tac du compte à rebours qui ne nous lâcha pas pendant des mois. Au cours des délibérations du Conseil, les paroles tremblaient, cherchaient à s'excuser. Plus aucun d'entre nous ne portait de masque, l'imminence de la catastrophe révélait brutalement nos natures et nos instincts.

Animaux en cage, prêts à l'attaque, montrant les dents et cherchant les amours, nous étions sous la vindicte de Luca. L'emprise de son poison ne nous quitta plus, un cauchemar avait touché et possédé la ville !

La maire, Madame Mézières, sur la Grand-Place, glissa dans son discours du 11 novembre des prières. Tout le Conseil s'agenouilla pendant que des administrés installaient la buvette. Le club de judo organisait la tombola au pied d'une guillotine toute neuve. Marco l'entrepreneur des pompes funèbres et son ami Edmond aiguisaient des dents près du stand municipal, les élèves du CM2 répétaient leur chanson. Toute la foule pouvait, par-dessus le clocher, apercevoir le chêne-liège et derrière encore l'océan, et la brise marine et tout le tournoiement, car chacun voyait en l'autre. Les enfants entonnèrent le chant en regardant leurs pieds qui s'impatientaient, qui auraient voulu courir vers l'avenir que les grands leur avaient volé. Madame Mézières mit un genou à terre, la tornade autour du clocher l'inquiétait : est-ce que les feuillets, les contrats et les projets industriels risquaient de s'envoler ? Pourrait-elle aussi être emportée ? Elle s'approcha d'Edwige, prit sa main, les yeux sur sa gorge elle cherchait à comprendre. Le Préfet arriva et la foule le lapida avec les dents aiguisées, ce fut le premier mort.

Lilas m'appela, Edwige nous rejoignit. Nous nous assîmes, jambes pendantes, sur le muret de la place qui faisait face au parc quand, soudain, le revolver réapparut. Il était à nos pieds. A côté, une main tranchée finissait de perdre son sang. Luca n'était pas loin. Il avait enfin découvert la frontière à la jointure de son poignet, il nous concédait cette part de lui-même mais conservait sa menace. Alors, entre nos baisers de bêtes traquées, les eaux du lac clapotant, les médailles tintant, la pioche, les hirondelles, le totem écroulé, le chêne-liège frémissant, nous jetâmes chacun devant nous le vieux paravent qui nous avait séparés, tous les paravents à l'abri desquels s'étaient cachés nos lâchetés, derrière lesquels avaient échoué nos désirs. Nous étions nus. Les paravents vermoulus gisaient sur l'herbe près de la main sanguinolente.

A présent Luca vagabondait par les rues, manchot et blême, l'arme dans la main gauche. Il apparaissait sur le pas des portes, laissait traîner ses regards sur les jambes des femmes et se faufilait dans les bureaux. Dans la salle du Conseil il avait craché deux balles au pied de notre maire, Madame Mézières s'était enfuie par les corridors en hurlant « Luca, mon amour !!! » Depuis elle erre sous les feuillages au bord du ruisseau.

Le barillet était garni car il manquait trois balles dans la bouche de Luca, Edmond et Samuel l'avaient vu. Lilas, Edwige et toutes leurs sœurs amoureuses se cachèrent dans ma cave, il y faisait doux. Elles y gisaient comme des outres, prêtes à se donner, je venais chaque soir les gonfler d'espoir. Les belles sous la voûte appelaient Luca en montrant leurs rondeurs et s'allongeaient telles des biches au-devant du chasseur. Les plus hardies éclataient de rire.

Il n'y avait plus que la cave aveugle pour entendre nos mugissements quand, soudain, à travers un soupirail, surgit le canon. Mais la petite bouche d'acier n'était pas encore prête à tirer sa langue, elle absorba d'abord les exhalaisons de nos baisers, traversa le fenestron et vint fouiller chaque recoin de notre oubliette, elle nous huma l'un après l'autre. Nous entrâmes alors dans le fût du revolver comme le génie retourne dans la bouteille. Luca nous avait eus.

Ce fut une pénible accoutumance, Edwige, Lilas et moi parvînmes au bout de plusieurs mois à agir. Achat de trois revolvers. Alors trois barillets tournicotèrent aussi dans nos cerveaux, on s'amusait à tirer sur l'horloge qui trônait sur le fronton de la mairie, on épargnait les lièvres, les corbeaux dans les champs. Balles ! Impossible de nous unir à nouveau, nous grimacions comme des gargouilles, nous avions tatoué nos paumes de poignards. Nous reprîmes le rythme hebdomadaire des rendez-vous municipaux. Les élus, avant de parler, accolaient leurs joues sur l'image du Président et mettaient leur doigt dans sa bouche que Luca avait trouée. Il nous arrivait de rejoindre le bistrot, c'était à qui montrait la mâchoire la plus édentée. Nous nous adressions des clins d'œil, ils tombaient comme des pétards mouillés. Impossible de tout dire. Mais Lilas était là, petite fille, nuque offerte. Me souviendrai-je de l'air qu'elle fredonnait quand le tir l'a atteinte ?

Dans la maisonnette, couché au pied de sa bibliothèque, il s'éveille dans l'obscurité. Et l'obscurité ne s'en ira plus. Les mots n'atteindront jamais, pas même dans leur murmure, la nuit des hommes. Ce n'est pas une bonne idée d'ouvrir les yeux dans le noir. Mieux vaut les garder fermés.

Les
mots
rambardes
immensément
vieilles

Ruines
que
mon être
devenu géant
empoigne

Comme
enfant
je serrais
les barreaux
de mon berceau
pour savoir
que j'étais
encore
là.

Dépôt légal : Mars 2025